BEI GRIN MACHT SICH IHR WISSEN BEZAHLT

AF137133

- Wir veröffentlichen Ihre Hausarbeit,
  Bachelor- und Masterarbeit

- Ihr eigenes eBook und Buch -
  weltweit in allen wichtigen Shops

- Verdienen Sie an jedem Verkauf

Jetzt bei www.GRIN.com hochladen
und kostenlos publizieren

Bibliografische Information der Deutschen Nationalbibliothek:

Die Deutsche Bibliothek verzeichnet diese Publikation in der Deutschen National-
bibliografie; detaillierte bibliografische Daten sind im Internet über http://dnb.d-
nb.de/ abrufbar.

Impressum:

Copyright © 2016 GRIN Verlag, Open Publishing GmbH
Druck und Bindung: Books on Demand GmbH, Norderstedt Germany
ISBN: 9783668288133

Dieses Buch bei GRIN:

http://www.grin.com/de/e-book/339121/gewalt-gegen-frauen-kein-mann-hat-das-
recht-eine-frau-zu-schlagen

Anonym

Gewalt gegen Frauen. Kein Mann hat das Recht eine Frau zu schlagen

GRIN Verlag

Inhaltsverzeichnis   **Seite**

1. Einleitung

Im September 2014 wurde eine Frau Opfer durch einen von ihrem Ex-Freund ausgeübten Säureanschlag aus Rache der Trennung. Zuvor litt die Frau schon in der recht kurzen Beziehung unter ihrem meist alkoholisierten Partner von psychischen sowie physischen Misshandlungen.

Nachdem die 39-jährige ihren ganzen Mut zusammengefasst hatte und ihren Partner verlies, rächte dieser sich an ihr, durch den ausgeübten Säureanschlag mit dem Motiv, dass kein anderer Mann die Frau bekommen sollte.[1] Dies ist nur eines der Beispiele in welchem eine Frau Opfer durch Misshandlung eines Mannes wurde.

Da das Thema weltweit Aufmerksamkeit verdienen sollte und um die Problematik anzugehen, habe ich mich dazu entschlossen in meiner Facharbeit das Thema Gewalt gegen Frauen zu behandeln. Meine Intention dabei ist, den Menschen die Augen zu öffnen und sie mit den direkten Tatsachen zu konfrontieren, sowie mit den Ausmaßen welche die Problematik seit Jahrzehnten besitzt.

In der anschließend folgenden Facharbeit, werde ich auf das Thema Gewalt gegen Frauen eingehen, die verschiedenen Arten von Gewalt erläutern, die Historischen Entwicklungen aufzeigen, sowie den Hintergrund der Verursacher. Ebenso werde ich anhand eines Beispiels die tatsächlichen Arten von Gewalt, sowie die dadurch entstandenen Auswirkungen analysieren.

Zum Abschluss werden die verschiedenen Möglichkeiten zur Sicherheit und Unterstützung der misshandelten Frauen aufgezählt.

---

[1] vgl. Tagesspiegel, http://www.tagesspiegel.de/weltspiegel/nordrhein-westfalen-neuneinhalb-jahre-haft-fuer-saeureanschlag-auf-frau/11558318.html, 25.02.2016

2. Arten von Gewalt

Der Begriff „Gewalt" wird in den Gesetzbüchern mit körperlichen- sowie psychischen Zwang beschrieben, welcher durch verschiedene Auswirkungen entsteht. Dabei wird jedoch zwischen zwei Varianten unterschieden.[1]

1. Die willensbeugende Gewalt, bei der, der Täter das Opfer nötigt und dadurch einen Willensentschluss hervorruft.

2. Die absolute Gewalt, bei der die Willensbildung komplett unterbunden wird. Zum Beispiel durch Betäubung oder Freiheitsberaubungen.

2.1. Psychische Gewalt

Psychische Gewalt kann durch Verschiedene Arten hervorgerufen werden. Dadurch, dass dies verbal geschieht, ist es die am wahrscheinlichsten einfachsten ausgelöste Art von Gewalt, wobei der Täter meist nicht einmal realisiert, dass er dabei einem Menschen schadet.

Unter psychischer Gewalt zählen unteranderem Drohungen, Beleidigungen, Verleumdungen sowie noch weitere verbale Handlungen.[2]

Durch diese emotionalen Schäden die, die Opfer im Nachhinein mit sich tragen, können weitere emotionale Störungen wie z.B. Depressionen entstehen.

2.2. Physische Gewalt

Das Ausüben von physischer Gewalt löst meist psychische Schäden bei den Opfern aus. Die physische Gewalt wird von Forschern in zwei Teile unterteilt. Erst einmal die „leichteren Formen" der Gewalt, wobei diese als „Erziehungsmittel" angesehen werden. „Dazu zählen Ohrfeigen, Klaps auf den Po aber auch Schütteln, Stoßen, Festhalten, an den Ohren/Haaren ziehen und Zwicken."[3]

Zur den „schwerwiegenden Formen" welche in der Gesellschaft nicht toleriert werden, gehören körperliche Misshandlungen, welche meist medizinische

---

[1] bpb - Gewalt, http://www.bpb.de/nachschlagen/lexika/politiklexikon/17566/gewalt, 15.01.2016
[2] Psychische Gewalt, https://www.frauen-gegen-gewalt.de/was-ist-psychische-gewalt.html, 15.01.2016
[3] Physische Gewalt, http://www.gewaltinfo.at/fachwissen/formen/physisch.php, 15.01.2016

Behandlungen benötigen wie Verbrennungen, Brüche, innere Blutungen sowie weitere Erscheinungsformen.

2.3. Sexuelle Gewalt

Unter sexueller Gewalt oder auch sexualisierter Gewalt versteht man alle sexuellen Übergriffe, die an Frauen verübt werden.

Abgesehen von Vergewaltigungen, werden ebenso Belästigungen sowie sexueller Missbrauch als sexualisierte Gewalt angesehen.

3. Häufigkeit von Gewalt gegen Frauen

3.1. Entwicklung in Bezug auf Deutschland

Die Entwicklung zum Thema Gewalt gegen Frauen ist besonders in Deutschland schwerer zu ermitteln als in Internationalen Ländern. Das kommt daher, dass es ins besondere in Deutschland an den fehlenden Studien und Untersuchungen der registrierten Opfer liegt.[1] Es existieren zwar verschiedene Literaturen, jedoch fehlen bei diesen die festgelegten und ausführlichen Beschreibungen, Definitionen und Analysen. Die bisher veröffentlichten Literaturen sind teils widersprüchlich, sodass die Thematik schwer zu überblicken ist.

Ebenso haben sich über die vergangenen Jahre neben den Literaturen auch Grafische Darstellungen sowie Dokumentationen etabliert, welche jedoch meist den Eindruck verschaffen, dass es sich bei der Thematik nur um die schwerwiegendsten Formen von Misshandlungen handelt. Diese „verstecken" daher die Seite von Gewalt, wobei keine physische Misshandlung stattfindet - die psychische Gewalt.

Ab den siebziger Jahren des 20. Jahrhunderts wurde auch erst einmal in Deutschland das Thema „Gewalt gegen Frauen und Kindern" in der Öffentlichkeit angesprochen. Die Ursache dafür waren die Beobachtungen der anderen Europäischen- sowie Nordamerikanischen Ländern und den Erfahrungen der Sozialarbeitern, welche auf die Problematik hinwiesen.[2] Ende der siebziger Jahre wurden die neuerforschten Ergebnisse - welche Motive die Täter haben - stark

---

[1] Internationales Handbuch der Gewaltforschung, 1. Auflage, Wiesbaden 2002, S.15ff.
[2] Godenzi Alberto, Gewalt im Sozialen Nahraum, 2. Auflage, Helbing & Lichtenhahn, 1993, S. 68f.

kritisiert, was anschließend dazu führte, dass man die Ergebnisse in Verbindung mit soziologischen Erklärungen brachte. Daraus ergab sich die Dunkelfeldforschung.[3] Amerika ist in der Hinsicht der Forschungsarbeiten und der theoretischen Erklärungen einer der Pioniere, denn erst anschließend folgten Deutschland und weitere Europäische Länder mit der Auseinandersetzung der Problematik.[4]

Anfang der achtziger Jahre nahm die Gewalt gegenüber Frauen solche Ausmaße an, dass sich diese nicht mehr aus der Öffentlichkeit zu denken schien. Damit wurde das Problem der „allgemeinen Gewalt" in ein weiteres Unterthema aufgeteilt, die Gewalt und der Missbrauch innerhalb Familien.

Seit dem wird die familiäre Gewalt besonders in Bezug auf Frauen sehr spezialisiert, da dieses als „Phänomen" angenommene Problem in jeder Gesellschaftsschicht aufzufinden ist.

Ende der achtziger Jahre erzielten Frauenbewegungen in Deutschland ihre ersten Erfolge. Zudem führte, dass dies in Büchern und weiteren Medien publiziert wurde.[5]

In den neunziger Jahren veränderte sich die komplette Lage der Forschungen, nachdem diese erneut kritisiert wurden, dass diese mögliche Fehlentwicklungen beinhält durch die therapeutischen Arbeiten.[6]

Gleichzeitig kritisierte die Öffentlichkeit, dass die Forschung mehr auf Perspektiven für Kinder und Frauen legen sollte.

3.2. Europaweite Statistiken Analyse des Auftretens

Da das Problem gegenüber den Frauen sich nicht nur in Deutschland auswirkt und auffinden lässt, sollte man auch die Problematik im Vergleich zu anderen Ländern mal gesehen haben.

Es gibt viele verschiedene Studien zu dem Thema, wobei die von der European Union Agency for fundamental Rights - oder auch FRA genannt - sich auf Europa beschränken. Sie teilen ihre Studien in verschiedene Kategorien ein, welche zugänglich für alle Interessenten sind.

---

[3] Gewalt gegen Kinder. Kindesmisshandlungen und ihre Ursachen, Hamburg 1975, S. 174ff.
[4] Gewalt gegen Kinder. Kindesmisshandlungen und ihre Ursachen, Hamburg 1975, S. 167
[5] Gewalt gegen Kinder. Kindesmisshandlungen und ihre Ursachen, Hamburg 1975, S. 189
[6] Godenzi Alberto, Gewalt im Nahraum, Helbing & Lichtenhahn, 1993, S. 14f.

Die sechs wohl möglichst aussagekräftigsten und themenrelevantesten Statistiken sind:
- Frauen, die seit dem 15. Lebensjahr körperliche und/oder sexuelle Gewalt in der Partnerschaft erfahren haben, EU-28 (%) [siehe Abbildung 1]

- Psychische Gewalt durch einen Partner/einer Partnerin seit dem 15. Lebensjahr, EU-28 (%) [siehe Abbildung 2]
- Kontaktaufnahme zu Einrichtungen und Sprechen mit anderen über den schwerwiegendsten Vorfall seit dem 15. Lebensjahr, nach Art der Gewalt und Täter/in (%) [siehe Abbildung 3]
- Psychische Langzeitfolgen des schwerwiegendsten Vorfalls von Gewalt seit dem 15. Lebensjahr, nach Art der Gewalt und Täterin (%) [siehe *Abbildung 4]*
- Häufigkeit von Gewalt gegen Frauen in der Wahrnehmung von Frauen, nach EU-Mitgliedsstaat (%) [siehe Abbildung 5]
- Kenntnis von speziellen Gesetzen oder politischen Initiativen in EU-28 (%) *[siehe Abbildung 6][1]*

Besonders die Ergebnisse der Statistiken der Wahrnehmung von Frauen in Bezug auf das Thema Misshandlung, scheinen recht Außergewöhnlich. Denn die Nord-Östlichen Länder sind die, welche kaum mit dem tatsächlichen Auftreten von Gewalt rechnen [siehe Abbildung 5]. Das widerspricht der Mentalität und den Umgang von Frauen bezüglich den Östlichen Ländern zugeschriebenen Gewalt-Vorkommnisse. Zudem ist ebenso erkenntlich, dass je weiter man sich die Meinungen der westlichen Länder anguckt, die Vermutung der starken Ausmaße der Problematik zunimmt. Im Vergleich dazu wird ebenso dargestellt, dass das physische sowie psychische Gewaltsaufkommen größtenteils im Zentrum Europas aufkommt. Wobei der psychische Anteil im Norden ebenso viel höher ist als in den west- oder östlichen Teilen Europas [siehe Abbildung 1,2]. Des Weiteren ist verwunderlich, dass der Großteil der Menschheit über spezielle Gesetze und politische Initiativen Bescheid weiß [siehe Abbildung 6], jedoch der Großteil der Opfer im Gegenzug mit keinem über den Vorfall gesprochen hat bzw. sich keine Hilfe gesucht hat [siehe Abbildung 3].

[1] FRA, Gewalt gegen Frauen Eine EU-weite Erhebung : Ergebnisse auf einen Blick, 2014

4. Motive der Männer/Ursachen für Gewalt gegen Frauen

Um den Akt der Männergewalt gegen Frauen verstehen zu können, muss man die Motive der Täter betrachten. Dies bedeutet in keinem Fall, dass man diese Problematik akzeptieren oder für gut erklären sollte.

Über einen nicht definierbaren Zeitraum heraus haben sich verschiedene Erklärungen etabliert, welche den ausgeübten Akt der Gewalt gegen Frauen verteidigen. Jeder dieser Erklärungen kann durch offizielle Studien/Forschungen widerlegt werden.

Eine der Erklärungen wäre, dass es durch das häufige Zerbrechen der familiären Strukturen seit den letzten Jahrzehnten zur vermehrten Ausübungen an Gewalt kommt. Jedoch zeigt die Entstehungsgeschichte, dass die Frauenbewegungen ihre ersten Erfolge besonders zu Zeiten hatten, wo die familiären Verhältnisse relativ stabil waren. Zudem bestand ein „Züchtigungsrecht" der Männer, welches den Frauen nicht erlaubte, sich gegen leichtere Formen der Misshandlung zu wehren. Dieses Gesetzt brachte die Männer dazu, die Frauen als „Gegenstand" anzusehen, welche nur existieren und als Besitz ergriffen werden konnten.[1]

Eine weitere Studie fand heraus, dass die meisten gewalttätigen Männer arbeitslos sind. Dabei verfällt der Mann aus seiner „traditionellen Rolle" der Ernährer der Familie zu sein und diesem wird somit ein Teil seiner „Männlichkeit" entnommen. Dies versucht dieser durch die Rolle des starken Mannes, welcher seiner Frau überlegen ist auszugleichen.[2] Um dies ausdrücklich zu machen wird neben dem Einschüchtern der Frau - Eingriff der psychischen Gewalt - körperliche Misshandlungen ausgeübt.

Leider werden heutzutage noch nicht genug Beratungs- sowie Trainingsangebote für Männer mit Gewaltproblemen welche diese an Frauen auslassen angeboten. Es gibt nämlich zum einen Männer, welche die Problematik erkannt haben und auf die Hilfe warten. Zu anderem, gibt es jedoch auch die, die sich selbst zu stolz sind Hilfe anzunehmen und welchen diese Angebote zugewiesen werden sollten.

---

[1] Züchtigungsrecht, http://www.frauenrechte.de/online/index.php/themen-und-aktionen/häusliche-und-sexualisierte-gewalt/aktuelles/archiv/1481 06.02.2016
[2] Motiv Männer, www.bmfj.de/BMFSFJ/gleichstellun,did=73010 06.02.2016

5. Auswirkungen anhand eines Beispiels

5.1. Angabe des Beispiels

In der Neujahrsnacht zum Jahre 2016 wurden mehrere Frauen in Köln im Bereich der Domplatte, außerhalb und innerhalb des Hauptbahnhofs, sowie auf der Hohenzollernbrücke Opfer von sexuellen Misshandlungen.

Die Frauen wurden durch Gruppen von jungen Männern verschiedener Nationalitäten überfallen, diese belästigten, misshandelten und beraubten die Frauen.

Die anwesenden Polizisten konnten die chaotische Lage nicht kontrollieren und gaben am Folgetag einen „verschönten" Bericht aus, welcher anschließend kritisiert wurde.

Durch vorherige Vorkommnisse von vermutlichen Anschlägen durch Feuerwerkskörper auf die Menschenmasse von circa 1000 Personen, drohte es vorab dazu, dass Massenpanik ausbricht.

Nach der erneuten und mehrmaligen Alarmierung der Polizei wurden später mehrere alkoholisierte Verdächtige aus der Menschenmenge herausgesucht. Anfang Februar 2016 wurden etwa 59 Tatverdächtige ermittelt, darunter befinden sich ebenso Minderjährige, Asylanten und illegal eigereiste.

Nur gegen fünf Männern wird aufgrund von sexuellen Übergriffs ermittelt.[1]

5.2. Auswirkungen des Vorfalls bezüglich der Opfer

Alle beteiligten Opfer der sexuellen Misshandlung in der Silvesternacht, erlitten auf verschiedenen Ebenen an Gewalt. Jeder Übergriff, so gering wie er auch zu scheinen mag, hat verschiedene Auswirkungen hervorgerufen und trägt somit mehrere Folgen mit sich.

An dem am oben genannten Beispiel kann man sehr gut erläutern, auf welchen Ebenen von Gewalt sich das passierte auswirkte und welche Auswirkungen diese hatten. Gehen wir jetzt einmal von einer der Frauen aus, welche von einer Gruppe von Männern sexuell Misshandelt

und beraubt wurde. Dazu beginnt der Vorfall direkt auf der psychischen Ebene der Gewalt, da die Frau von einer großen Gruppe an Männern umzingelt wurde.

[1] Dokumentenarchiv Silvesternacht,
https://www.landtag.nrw.de/portal/WWW/dokumentenarchiv/Dokument?typ=P&Id=MMV16/3642&quelle=alle&wm =1&action=anzeigen, S. 4ff. 06.02.2016

Dies löst zunächst Panikgefühle aus, ebenso steht die Frau unter unvorstellbaren Druck, da es in dem allgemeinen Gehirn der Frau immer noch fest verankert ist, dass der Mann eine starke und machtvolle Persönlichkeit ist, welchen sie in besonderen Situationen untergeordnet ist. Zudem gilt das die Frau durch das umzingeln der Männer nicht die eigene Kraft und den Mut aufbringen konnte, um sich selbst zu befreien. Dies zählt erst einmal unter Freiheitsberaubung, was zu einer der schweren Formen der Gewalt gehört und hinzu weiteren psychischen Druck hervorruft. Hinzukommende psychische Auswirkungen waren Belästigung, Einschüchterung und Unterdrückung der Frau. Das extreme dominanzverhalten der Männer wird in dieser Situation erstmalig klar.

Die nächste Ebene unter welcher die Frauen ausgesetzt waren, war die physische und zudem sexualisierte Gewalt. Bei dem erstmaligen anfassen der Frauen traten die ersten physischen Übergriffe ein. Da normalerweise die schwerwiegenden Formen von der Gesellschaft nicht toleriert werden zeigt dieses Beispiel, dass selbst die leichteren Formen zu weit gehen. Da die Frauen ungewollt und an privaten Stellen des Körpers angefasst wurden, kommt neben der physischen körperlichen Misshandlung die sexuelle Misshandlung hervor. Wieder einmal verstärken die Übergriffe die schon vorhandenen psychischen Auswirkungen. Das liegt daran, dass der Körper in einer Art Kettenprinzip funktioniert und durch physische Ursachen weitere psychische mit sich bringt. Ab diesen Zeitpunkt wurden bereits alle Ebenen an Gewalt gegenüber den Frauen ausgelöst, jedoch war dies noch nicht das Ende des Leidens. Zu Letzt wurden den Frauen auch noch deren persönlichen Besitz entnommen. Abgesehen davon, dass es ein verachtendes und respektloses Verhalten gegenüber den Frauen ist, setzt dies nochmal einiges an gesetzlich-sträflichen Delikten drauf. Ebenso vermittelt das Entnehmen der persönlichen Gegenstände den Frauen ein erneutes Gefühl von Unterlegung und Wertverlust.

Alles in einem zeigt allein dieses Beispiel, dass hinter der eigentlichen Tat viel mehr als nur die verursachten Übergriffe und Straftaten wie Diebstahl liegen. Zu Letzt kam es jedoch ebenso vor, dass Frauen sich versucht haben zu wehren, diese wurden durch erneutes Auftreten von körperlicher Gewalt unterdrückt, sodass einige dieser medizinische Verarztungen in Anspruch nehmen mussten. Neben denjenigen, die selbst bei den Überfällen verletzt wurden, wurden ebenso hilfsbereite Mitmenschen verletzt, die, den Frauen aus ihrer schrecklichen Situation verhelfen wollten.

6. Weshalb suchen Frauen keine Hilfe auf?

Die Frage weshalb die betroffenen Frauen keine Hilfe aufsuchen und versuchen alleine mit der Situation klarzukommen kann verschiedene Gründe haben. Hierbei muss man ebenso beachten, dass es zwei Arten von Hilfebedürftigen Frauen gibt.

1. die, die unter Gewalt innerhalb der Familie leiden

2. die, die unter Misshandlungen von außenstehenden leiden

Der Grund weshalb Frauen die von denen nicht bekannten Personen oder nicht familiär anerkannten Personen misshandelt wurden, erkennen sich meist die Schuld an und schweigt deshalb aus Angst und Schamgefühl, damit sie in der Umwelt nicht ihren Status verlieren.[1]

Frauen die von einem Familienmitglied insbesondere dem Partner misshandelt werden, stehen meist unter ausgeprägtem Druck.

Zuerst einmal kann es daran liegen, dass die Frau Angst vor weiteren Übergriffen der Person hat, falls sie diesen versucht zu verlassen oder wenn sie nur mit jemandem darüber sprechen würde. Dazu zählt ebenso das Schamgefühl, welches die Frauen davor abhält, damit diese nicht in der Gesellschaft verurteilt oder verspottet werden können.

Ein weiterer sehr dominanter Grund ist die finanzielle Absicherung. Besonders wenn es sich um Hausfrauen handelt, die kein eigenes Einkommen erhalten. Diese leiden meist unter der Angst von dem finanziellen Untergang. Es gibt noch weitere Gründe weshalb Frauen in ihrer gewaltvollen Beziehung bleiben, jedoch sind diese die ausschlaggebendsten.

7. Maßnahmen zum Schutz der Frauen

7.1. Allgemeine Methoden

Mittlerweile gibt es schon verschiedene Anlaufs Punkte und Möglichkeiten wie Frauen aus deren furchtbaren Situationen entkommen und sich Hilfe suchen können. Zum einen gibt es schon vorhandene Gesetze welche zur Verbesserung des zivilgerichtlichen Schutzes von Gewalttaten beitragen, sowie zur Erleichterung der

---

[1] Anke Domscheit-Berg, Ein bisschen gleich ist nicht genug!, Willhelm Heyne Verlag, München 2015, S. 138f.

Trennungen und Schutzanordnungen wie Betretens Verbot der Wohnung, Bannmeile oder das Kontaktverbot zum Arbeitsplatz.[1]

Weitere Anlaufstellen zum Schutz der Frauen sind Frauenhäuser, wobei es allein in Deutschland schon etwa 400 Frauenhäuser gibt. Ebenso kann man sich bei einem Verein zum Schutz misshandelter Frauen Hilfe suchen, sowie unter der Notrufnummer 08000 116 016.[2]

Frauen haben 365 Tage im Jahr die Möglichkeit sich professionelle Hilfe zu holen, selbst wenn diese nicht den Mut aufbringen können, besteht weiterhin die Option diese anonym zu kontaktieren.

Seit dem Jahr 2002 gibt es das Gewalt-Schutz-Gesetz. Zur gleichen Zeit hat man die Polizei-Gesetze anders gemacht. Es gibt jetzt mehr Gesetze gegen häusliche Gewalt, hinzukommt, dass diese weiterhin verschärft werden.

7.2. Politische Maßnahmen

Das Problem der Ausübung von Gewalt gegen Frauen ist nicht nur ein soziales und wirtschaftliches Problem, denn die Politik hat ebenso einen großen Einfluss und kann somit vieles ändern was zur Verbesserung der derzeitigen Lage beitragen würde.[3]

Trotz alldem hat sich die Politik in den letzten Jahren der Problematik angepasst, indem sie Frauen eine bessere Ausbildung ermöglichen. Dies hebt das allgemeine Selbstbewusstsein der Frau und ihren Stand in der Gesellschaft, wodurch sie sich gegen Gewalt besser wehren können. Ebenso erhalten sie dadurch eine wirtschaftliche und finanzielle Unabhängigkeit, wodurch ihnen die Flucht aus ihrer gewaltvollen Beziehung einfacher fällt und ermöglicht.[4] Zudem sollte die Politik jedoch noch Frauen die Möglichkeit bieten an politischen Entscheidungsprozessen teilzunehmen und ihre Mitwirkung miteinzubeziehen, sodass weitere verbesserte Gesetze beschlossen werden können und den Frauen eine sichere und bessere Stellung gewähren. Auf der Menschenrechtskonferenz wurde und wird weiterhin die Thematik der Gewalt gegen Frauen bearbeitet, jedoch treten bei den Konferenzen keine konkreten Vorschläge zur Verbesserung und Beseitigung des Problems auf.[5]

---

[1] Angelika Milnar, Frauenrechte als Menschenrechte, Europäischer Verlag der Wissenschaft, 1997, S. 231
[2] Online Notruf, http://www.hilfetelefon.de/aktuelles.html 26.01.2016
[3] Angelika Milnar, Frauenrechte als Menschenrechte, Europäischer Verlag der Wissenschaft, 1997, S. 245
[4] Angelika Milnar, Frauenrechte als Menschenrechte, Europäischer Verlag der Wissenschaft, 1997, S. 246
[5] Angelika Milnar, Frauenrechte als Menschenrechte, Europäischer Verlag der Wissenschaft, 1997, S. 238f.

Der wohl möglichst einzige erfolgreiche Eingriff ist die Declaration on the Elimination of Violence against Women, wobei diese die Gewaltakte im öffentlichen sowie Privaten Bereich beinhält. Diese Erklärung ist jedoch keine Gesetzlich vorgeschriebene Vorgabe.

Da man die öffentlichen Gewaltakte gegenüber Frauen gesetzlich vorschreiben kann, ist es bei den privaten Anschlägen hingegen schwieriger. Daher entstand eine absurde jedoch abschreckende und eine hinsichtlich wirksame Methode Gesetzlich Gewalt gegen Frauen in privaten Bereichen zu verhindern. Die Vorschläge einiger Feministinnen, welche fordern, dass Gewalt gegen Frauen und Kindern als Folter anerkannt wird.[1] Dabei besteht derzeit jedoch das Problem, dass die allgemeine Definition der Folter nicht zu der Situationsproblematik der Frauen passt. Dazu haben die Feministen ihre eigene Theorie verfasst, inwiefern die ausgeübte Gewalt im Vergleich zur Folter steht.

Der radikalster Vorschlag der in der in Konferenzen angesprochen wurde war, dass „[…] Frauen als Gruppe als beschränktes Subjekt des Völkerrechts [anerkannt werden sollten]."[2] Wobei bei dieser Ausführung Frauen eigene Gesetze erhalten, die bereits vorhandenen Gesetze verschärft werden und die Welt praktisch in zwei politisch getrennte Teile eingeteilt wird - Männer und Frauen. Diese Erklärung kann jedoch nicht versprechen, dass dadurch die Gewaltsrate gegenüber Frauen sinken wird.

[3] Angelika Milnar, Frauenrechte als Menschenrechte, Europäischer Verlag der Wissenschaft, 1997, S. 241
[4] Angelika Milnar, Frauenrechte als Menschenrechte, Europäischer Verlag der Wissenschaft, 1997, S. 55

Resümee

Abgesehen davon, dass man weiterhin nach einer endgültigen Lösung suchen sollte, um Frauen den Schutz zu garantieren den diese verdienen. Habe ich bei der Erarbeitung der Facharbeit festgestellt, dass das eigentliche Problem eine viel längere und tiefgründigere Geschichte besitzt als ursprünglich von mir gedacht. Es ist ein internationales sowohl als auch ein nationales gesellschaftliches Problem, wobei der Fokus meist besonders auf die häuslichen Gewalt gerichtet wird. Es gibt keine eindeutigen Erklärungen, welche Motive die Männer haben, die ihre Partnerinnen misshandeln. Es scheint jedoch so zu sein, dass eines der grundlegenden Probleme, die gesellschaftlich vorherrschenden Rollenbilder von Mann und Frau sind, welche immer wieder auftauchen.

Ebenso werden einen die schwerwiegenden Auswirkungen deutlich klarer, wenn man sich erst einmal mit der Thematik befasst hat, als wenn man dies nur über die Medien mitverfolgt.

Durch die verfeinerte Auseinandersetzung des Themas werden zugleich weitere Thematiken aufgegriffen, wie z.B. die Rechtslage der Frauen, Unterthemen, wie Motive der Männer, Laienaussagen, falsche Medienberichte etc.

Zunächst ist zu sagen, dass sie jeder mit der Thematik auseinandersetzten sollte, da diese zu einem viel tiefgründiger sind als üblich dargestellt und damit man gemeinsam Möglichkeiten zur Bekämpfung von Gewalt gegen Frauen entwickelt und durchsetzt.

Anhang

Ländercodes

Ländercode	Land
AT	Österreich
BE	Belgien
BG	Bulgarien
CY	Zypern
CZ	Tschechische Republik
DE	Deutschland
DK	Dänemark
EE	Estland
EL	Griechenland
ES	Spanien
FI	Finnland
FR	Frankreich
HU	Ungarn
HR	Kroatien
IE	Irland
IT	Italien
LT	Litauen
LU	Luxemburg
LV	Lettland
MT	Malta
NL	Niederlande
PL	Polen
PT	Portugal
RO	Rumänien
SE	Schweden
SI	Slowenien
SK	Slowakei
UK	Vereinigtes Königreich

Frauen, die seit dem 15. Lebensjahr körperliche und/oder sexuelle Gewalt in der Partnerschaft erfahren haben, EU-28 (%)

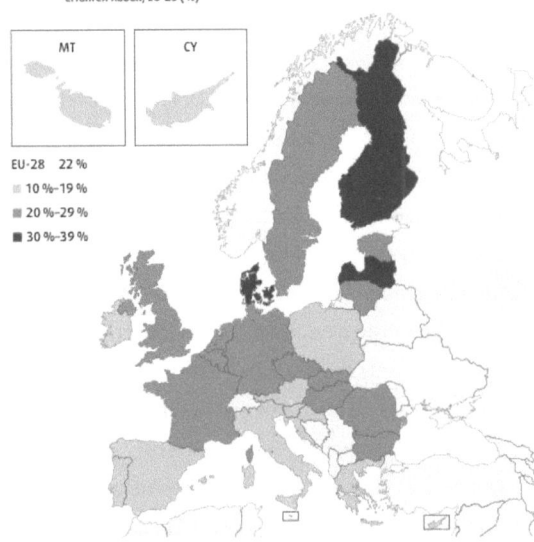

EU-28   22 %

☐ 10 %–19 %

☐ 20 %–29 %

■ 30 %–39 %

Abbildung 1

Psychische Gewalt durch einen Partner/eine Partnerin seit dem 15. Lebensjahr, EU-28 (%)

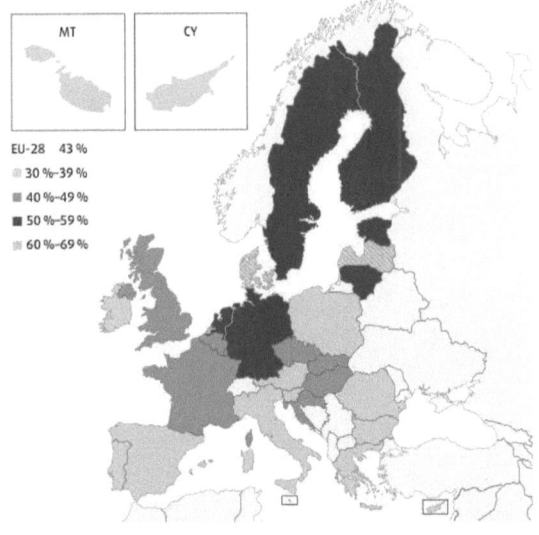

EU-28   43 %

☐ 30 %–39 %

☐ 40 %–49 %

■ 50 %–59 %

☐ 60 %–69 %

Abbildung 2

Kontaktaufnahme zu Einrichtungen und Sprechen mit anderen über den schwerwiegendsten Vorfall seit dem 15. Lebensjahr, nach Art der Gewalt und Täterin (%)[a]

	Partnerln (derzeitig und/oder früher)		Andere Person	
	Körperliche Gewalt	Sexuelle Gewalt	Körperliche Gewalt	Sexuelle Gewalt
Mit jemandem anderen gesprochen	31	39	24	30
Talked to somebody else	36	28	44	37
Mit niemandem gesprochen	32	32	31	33
Keine Angabe	1	(0)	1	1
n	5 415	1 863	4 237	1 847

Abbildung 3

Psychische Langzeitfolgen des schwerwiegendsten Vorfalls von Gewalt seit dem 15. Lebensjahr, nach Art der Gewalt und Täterin (%)[a, b]

	Partnerln (derzeitig und/oder früher)		Andere Person	
	Körperliche Gewalt	Sexuelle Gewalt	Körperliche Gewalt	Sexuelle Gewalt
Form der psychischen Folgen				
Depressionen	20	35	8	23
Angstzustände	32	45	23	37
Panikattacken	12	21	8	19
Verlust des Selbstvertrauens	31	50	17	40
Gefühl der Verletzlichkeit	30	48	24	47
Schlafstörungen	23	41	13	29
Konzentrationsstörungen	12	21	7	16
Beziehungsschwierigkeiten	24	43	9	31
Andere	3	5	4	4
Anzahl der ausgewählten Kategorien				
Keine	28	9	43	16
1	26	21	28	25
2–3	27	31	19	35
4 oder mehr	17	38	8	24
Keine Angabe	2	(1)	2	1
n	5 415	1 863	4 237	1 847

Abbildung 4

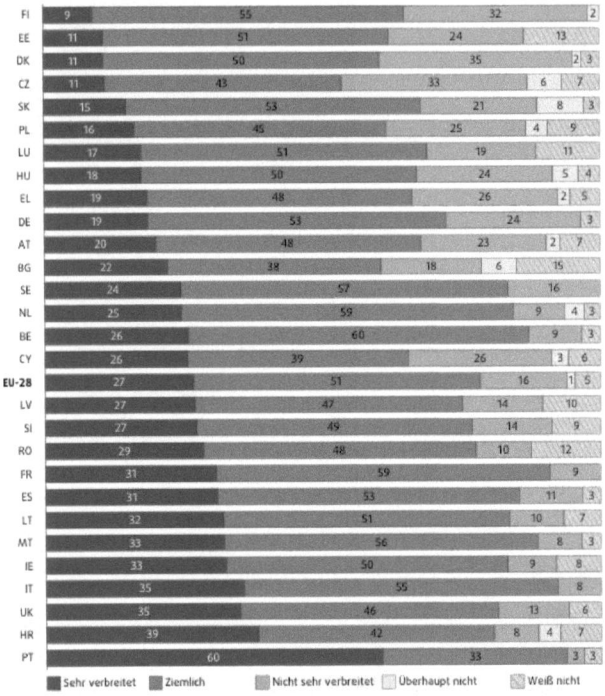

Häufigkeit von Gewalt gegen Frauen in der Wahrnehmung von Frauen , nach EU-Mitgliedstaat (%)

	Sehr verbreitet	Ziemlich	Nicht sehr verbreitet	Überhaupt nicht	Weiß nicht
FI	9	55	32		2
EE	11	51	24	13	
DK	11	50	35	2	3
CZ	11	43	33	6	7
SK	15	53	21	8	3
PL	16	45	25	4	9
LU	17	51	19	11	
HU	18	50	24	5	4
EL	19	48	26	2	5
DE	19	53	24		3
AT	20	48	23	2	7
BG	22	38	18	6	15
SE	24	57	16		
NL	25	59	9	4	3
BE	26	60	9		3
CY	26	39	26	3	6
EU-28	27	51	16	1	5
LV	27	47	14	10	
SI	27	49	14	9	
RO	29	48	10	12	
FR	31	59	9		
ES	31	53	11	3	
LT	32	51	10	7	
MT	33	56	8	3	
IE	33	50	9	8	
IT	35	55	8		
UK	35	46	13	6	
HR	39	42	8	4	7
PT	60	33	3	3	

■ Sehr verbreitet   ■ Ziemlich   ■ Nicht sehr verbreitet   □ Überhaupt nicht   ▨ Weiß nicht

Abbildung 5

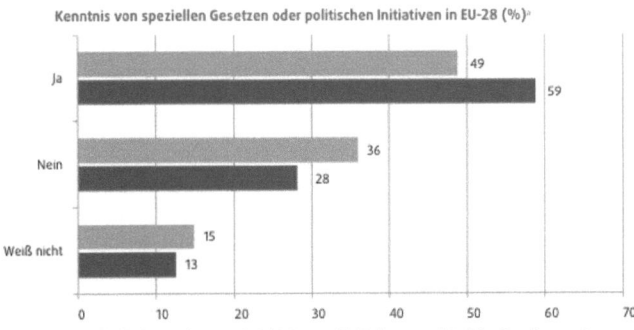

Kenntnis von speziellen Gesetzen oder politischen Initiativen in EU-28 (%)

	Verhinderung	Schutz
Ja	49	59
Nein	36	28
Weiß nicht	15	13

■ Verhinderung: Gesetze oder Initiativen zur Verhinderung von häuslicher Gewalt gegen Frauen

■ Schutz: Gesetze oder Initiativen zum Schutz von Frauen in Fällen von häuslicher Gewalt

Abbildung 6

Abbildungsverzeichnis

Abbildungen:

FRA-Erhebung zu geschlechtsspezifischer Gewalt gegen Frauen, 2012

Literaturverzeichnis

[1] Internationales Handbuch der Gewaltforschung, 1. Auflage, Wiesbaden 2002

[2] Godenzi Alberto, Gewalt im Sozialen Nahraum, 2. Auflage, Helbing & Lichtenhahn 1993

[3] Gewalt gegen Kinder. Kindesmisshandlungen und ihre Ursachen, Hamburg 1975

[4] FRA, Gewalt gegen Frauen Eine EU-weite Erhebung : Ergebnisse auf einen Blick, 2014

[5] Anke Domscheit-Berg, Ein bisschen gleich ist nicht genug!, Willhelm Heyne Verlag, München 2015

[6] Angelika Milnar, Frauenrechte als Menschenrechte, Europäischer Verlag der Wissenschaft, 1997

Links

[1] http://www.bpb.de/nachschlagen/lexika/politiklexikon/17566/gewalt

[2] http://www.tagesspiegel.de/weltspiegel/nordrhein-westfalen-neuneinhalb-jahre-haft-fuer-saeureanschlag-auf-frau/11558318.html

[3] http://www.bpb.de/nachschlagen/lexika/politiklexikon/17566/gewalt, 15.01.2016

[4] https://www.frauen-gegen-gewalt.de/was-ist-psychische-gewalt.html,

[5] http://www.gewaltinfo.at/fachwissen/formen/physisch.php

[6] http://www.frauenrechte.de/online/index.php/themen-und-aktionen/häusliche-und-sexualisierte-gewalt/aktuelles/archiv/1481

[7] www.bmfj.de/BMFSFJ/gleichstellun,did=73010

[8] https://www.landtag.nrw.de/portal/WWW/dokumentenarchiv/Dokument?typ=P&Id=MMV16/3642&quelle=alle&wm=1&action=anzeigen

[9] http://www.hilfetelefon.de/aktuelles.html